하나님의 때
묵상 노트

하나님의 완벽한 때를 기다리는

_____에게 사랑의 마음을 담아

이 묵상 노트를 드립니다.

하나님의 때

묵상 노트

글·그림 햇살콩 김나단 × 김연선

규장

"하나님의 완벽한 때를 기다린다"는 말은
무작정 기다리는 게 아닙니다.

하나님이 나와 함께하심을 믿고
모든 순간을 하나님께 올려드리는 것,
눈에 보이는 상황과 문제가 아니라
하나님의 일하심을 신뢰하며
그분의 관점으로 바라보려는 노력과 다르지 않습니다.

《하나님의 때 묵상 노트》는
매 순간 우리의 상황을 하나님께 올려드렸을 때
우리 부부에게 부어주셨던 주님의 마음을 요약했습니다.

《하나님의 때》와 함께
더 깊이 묵상하고 적용할 수 있게 준비했어요.

그리고 많은 독자분이 요청하신 대로
글을 쓸 수 있는 공간을 최대한 많이 만들었습니다.

기도하는 마음으로 함께 읽어주시고,

하나님께서 당신에게 주시는 마음을

노트에 기록해보세요.

목소리로 주님을 찬양하듯,

글로 주님을 묵상하며 찬양할 수 있을 것입니다.

하나님께서 묵상 노트의 빈 공간을 채워갈 당신에게도

이렇게 말씀하시길 간절히 기도하며 축복합니다.

"내 사랑아,

너는 혼자가 아니야. 내가 늘 함께한단다.

네게 주어진 모든 시간은 내게는 이런 의미란다."

/햇살콩 김나단×김연선

"

도무지 기도가 나오지 않을 때가

나에게 기도가 가장 필요할 때입니다.

"

하나님,
저는 이 땅에 왜 태어난 걸까요?

하나님께서 이루시고자 하는
사명과 비전이 각자에게 있다고 하셨는데,
제게도 있을까요?

사람들에게 무시당하거나
버거운 상황 속에서 도망다니는 게
너무 지치고 힘들어요.
다 포기하고 싶어요.

내 사랑아,
네게도 사명과 비전이 있냐고 물었지?

당연하지.
내가 너를 창조할 때
네게 가장 알맞은
사명과 비전을 이미 계획하고,
네 삶을 인도하고 있는 걸.

내가 만들어놓은 이 세계를 바라보며
기억했으면 좋겠구나.

세상의 모든 것보다
너를 가장 아름답게 지었다는 걸.

1. 당신을 지치고 힘들게 하는 일은 구체적으로 무엇인가요?

2. 당신은 어떤 일을 할 때 기쁘고 즐거운가요?

3. 오늘 묵상을 통해 깨달은 기도 제목은 무엇인가요?

하나님께서 부어주시는 마음을 이곳에 담아보세요.

마음속에 걱정이 가득 찰 때가
하나님께 흰 도화지를 내어드려야 할 때입니다

" "

하나님,
저는 생각이 너무 많습니다.

특히 잠자리에 들 때,
조용히 하나님을 묵상하며
감사로 하루를 마무리하고 싶지만
왜 그리 생각이 많은지….

생각은 늘 꼬리에 꼬리를 물고 옵니다.
거의 대부분이 쓸데없는 걱정입니다.

네 인생은 도화지란다.
그리고 그 위에
그림을 그리는 이는 바로 나야.

내일 일을 걱정하지 마라.
네 인생의 앞날을 너무 걱정하지 마.

사랑의 마음으로
붓을 들고 있는 하늘 아빠에게
'온전히' 네 도화지를 맡겨다오.

세상에서
가장 아름다운 그림을 그려줄
하늘 아빠의 솜씨를 신뢰하고 기대하렴.

1. 지금 당신의 머릿속에 가득한 생각들은 무엇인가요?

----

2. 당신의 인생이 흰 도화지라고 한다면 어떤 그림을 그려가고 싶나요?

----

3. 오늘 묵상을 통해 깨달은 기도 제목은 무엇인가요?

하나님께서 부어주시는 마음을 이곳에 담아보세요.

하나님,
제 삶에 당신의 일하심을
간절히 기다립니다.

제 오랜 기도를 다 들으셨지요?
지금도 보이지 않게 일하시지요?
기다림의 시간이 길어질수록
제 마음이 지쳐갑니다.

오늘도 보이지 않는 당신을 믿으며
은혜를 베풀어주시길 기도합니다.

시간이 지나도
상황이 달라지지 않아서
점점 더 버티기 힘들어하는 걸
잘 알고 있다.

'하나님, 왜 제게 이런 시간을 주시나요?'
'왜 감당하기 어려운 상황을 주시나요?'
너는 답답한 마음으로 기도하지.

네게 기다림의 시간을 허락하는
목적이 있단다.

지금은 그 이유를 알기 어렵겠지만
시간이 지나면 알려줄게.

1. 지금 당신은 무엇을 기다리고 있나요?

----

2. 기다림의 시간을 잘 보내는 당신만의 방법을 생각해보세요.

----

3. 오늘 묵상을 통해 깨달은 기도 제목은 무엇인가요?

하나님께서 부어주시는 마음을 이곳에 담아보세요.

외로움에 사무칠 때가
나를 결코 떠나지 않으시는 하나님을
간절히 찾아야 할 때입니다

하나님,
오늘처럼 마음이 메마를 때가 있습니다.

제 자존감을 짓밟는 사람,
제 친절을 의심하는 사람,
제게서 이득을 취하기 위해
다가오는 사람들 틈에서
숨쉬기가 버겁습니다.

오로지 혼자라고만 느껴져,
말할 수 없이 외롭고 슬픕니다.

내 사랑아,
고독과 외로움이
너를 완전히 삼키기 전에
내게로 달려와주어 고맙구나.

그런데
결코 변하지 않는 게 있지.
내가 네 곁에 항상 있다는 사실이야.
나는 너를 결코 떠나지 않아.

오늘처럼
혼자라고 느낄 때면,
내가 네게 들려주는 사랑의 편지를 펼쳐보고
내 따뜻한 사랑을 확인하렴.

1. 당신은 언제 가장 외롭다고 느끼나요?

----

2. 요한일서 4장 16절 말씀을 읽고 떠오르는 생각을 적어보세요.

----

3. 오늘 묵상을 통해 깨달은 기도 제목은 무엇인가요?

하나님께서 부어주시는 마음을 이곳에 담아보세요.

성경이 잘 믿어지지 않을 때가
진리 되시는 하나님을 먼저 믿어야 할 때입니다

"

하나님,
저는 하나님이 살아계심을 믿어요.
하지만 때때로 성경의 어떤 부분들은
잘 믿어지지 않아요.

신앙의 선배들에게
제 고민을 털어놓으면
그냥 믿으라며 책망하듯 말해요.

하지만 그냥 믿는 것이 제게는 더 어려워요.
이런 제가 잘못된 걸까요?

내 사랑아,
네가 잘못된 게 아니란다.

그런데 나는 네게 조심스레 묻고 싶구나.
중요한 부분이야.

나를 믿고 있는 게 맞니?
네 창조주인 나를 정말 진심으로 신뢰하니?

성경을 믿으려고 하기 전에
나를 믿는 게 먼저란다.

나와 매일 대화를 나누고
친밀하게 교제하자.

1. 성경을 읽을 때 구체적으로 어떤 부분이 믿어지지 않나요?

2. 오늘 내게 힘을 주는 성경의 교훈이 있다면요?

3. 오늘 묵상을 통해 깨달은 기도 제목은 무엇인가요?

하나님께서 부어주시는 마음을 이곳에 담아보세요.

> 도무지 기도가 나오지 않을 때가
> 나에게 기도가 가장 필요할 때입니다

하나님,
때로 기도가 나오지 않습니다.

"주님, 주님, 주님….."
몇 마디 입을 떼어보지만
공허한 메아리처럼 느껴져서
이내 입을 닫아버립니다.

하나님,
이럴 때는 어떻게 해야 할까요?

내 사랑아,
오늘 네 그 마음을, 너와의 대화를
오랫동안 기다렸단다.

때로는 너와 나 사이를 가로막는
벽 같은 것이 느껴질 때가 있을 거야.

벽을 허물 수 있는 유일한 방법은,
내 이름을 부르기 시작하는 거란다.

네가 내 이름을 부를 때,
아무리 높고 거대한 벽이라도
무너뜨릴 수 있단다.

1. 당신이 기도하려고 할 때 가장 먼저 떠오르는 생각을 적어보세요.

2. 기도하기 어려울 때 사랑하는 사람을 위한 기도문을 써보세요.

3. 오늘 묵상을 통해 깨달은 기도 제목은 무엇인가요?

하나님께서 부어주시는 마음을 이곳에 담아보세요.

> 비교 의식에 마음이 조급해질 때가
> 나를 향한 주님의 계획을 온전히 신뢰할 때입니다

하나님,
남들과 비교하는
제 습관을 다듬어주세요.

주님께서 맡겨주신 일에
날마다 최선을 다하고 있지만
가끔 마음 한구석에서 올라오는
'비교' 의식이 제 마음을 무너지게 합니다.

하나님,
천천히 가는 것 같아도
저… 제대로 가고 있는 거 맞죠?

내 사랑아,
한날한시에 모든 사람이
꽃을 피울 수는 없어.
성장하는 속도가 제각각이기 때문이야.

그러니 어떤 사람이
먼저 꽃을 피운다고 부러워하지 마라.

나는 네가 아름다운 향기를 낼 수 있게
만드는 중이란다.

조급해하지 않아도,
결국 너는 내가 정한 때에
꽃을 피우게 될 거야.

1. 매일 일상에서 당신이 반복하는 일들은 무엇인가요?

----

2. 당신이 다른 사람들보다 더 좋아하고 잘하는 일들을 적어보세요.

----

3. 오늘 묵상을 통해 깨달은 기도 제목은 무엇인가요?

하나님께서 부어주시는 마음을 이곳에 담아보세요.

하나님,
제게는 쉼이 필요합니다.

분주한 삶 속에서
몸도 마음도 많이 지쳤습니다.

쉬고 싶은데
진정한 쉼을 누릴 수가 없어
마음이 더 괴롭습니다.

제 육체가 아닌 영혼이
생명수를 갈구합니다.

내 사랑아,
내 그늘은 언제나 널 위해
준비되어 있단다.

나는 네 육체뿐 아니라
영혼에 더 많은 관심이 있어.

"내 안에 참 쉼이 있단다."
"내게로 와서 쉬어라."
"나만이 네 피난처란다."

진정한 쉼은
오직 내게서만,
내 안에서만 누릴 수 있단다.

1. 최근 당신을 분주하게 만드는 일은 무엇인가요?

2. 당신은 언제 마음이 편안하고, 무엇을 할 때 하나님을 발견했나요?

3. 오늘 묵상을 통해 깨달은 기도 제목은 무엇인가요?

하나님께서 부어주시는 마음을 이곳에 담아보세요.

하나님,
당신이 제게 주신 달란트는 무엇일까요?

저는 특별히 잘하는 게 없어요.
그저 남들이 하는 정도의 중간만큼,
혹은 중간보다 못하는 일들뿐이에요.

제게도 하나님이 허락하신
달란트가 있을까요?

내 사랑아,
나는 세상 사람 각자에게 맞는
달란트를 주었단다.

네 눈에는
누군가의 것이 뛰어나 보이거나
너무 작아 하찮아 보일 수 있지만,
다 그 분량에 맞는 달란트를 부어주었기에
어느 것 하나 부질없는 것이 없단다.

네게 아주 작은 것이라도
재능으로 느껴지는 게 있다면 다듬어보렴.

1. 당신의 작은 재능을 찾아볼까요? 무엇이든 괜찮아요.

----

2. 그 재능으로 복음을 전하는 소소한 방법들을 찾아보세요.

----

3. 오늘 묵상을 통해 깨달은 기도 제목은 무엇인가요?

하나님께서 부어주시는 마음을 이곳에 담아보세요.

나의 연약함을 직면할 때가
하나님께 한걸음 더 가까워질 수 있는 기회입니다

하나님,
아침에 큐티로 묵상한 말씀을
'오늘 하루 굳게 붙잡고 살아가야지!'
다짐하면서도
순간순간 눈앞에 세워진 장애물에
너무 쉽게 걸려 넘어집니다.

하나님의 말씀대로 살려고
발버둥치지만
연약하고 나약한 제 모습에 실망합니다.

넘어지고, 연약하고, 죄 많은
저를 사랑하시나요?

내 사랑아,
나는 24시간, 365일
네게 온 마음을 집중하고 있단다.

나는 네 연약함을 가장 사랑한다.
네 스스로 연약하다 느낄 때
완전한 하늘 아빠를 더 의지하게 되니까.

네 연약함은 부끄러움이 아니야.
그러니 네 모습 그대로
받아들이길 두려워하지 마라.

1. 오늘 당신은 삶의 어떤 부분에서 넘어졌나요?

---

2. 하나님께 당신의 연약함을 솔직하게 고백해보세요.

---

3. 오늘 묵상을 통해 깨달은 기도 제목은 무엇인가요?

하나님께서 부어주시는 마음을 이곳에 담아보세요.

66

마음이 무너져 내려 모든 것을 포기하고 싶을 때가

하나님을 더욱 간절히 찾아야 할 때입니다.

99

하나님,
십계명의 두 번째 계명을 기억합니다.

"우상을 만들지 말라!"

제 안에 하나님보다 더 사랑하는
우상이 있다면 발견하게 해주세요.

내 사랑아,
지금 네 결핍은 무엇이니?

그것을 아는 것에서부터
우상 제거 작업이 시작된단다.

그리고
네 결핍은 집착한다고 해결되지 않아.
안타깝게도 집착할수록
더 큰 결핍이 네게 주어지지.

오직 나만이
너를 결핍에서부터
자유롭게 할 수 있단다.

오늘 고백해다오.

1. 당신의 가장 큰 결핍은 무엇인가요?

------

2. 당신의 힘으로 채울 수 있는 결핍과 그렇지 않은 걸 구별해보세요.

------

3. 오늘 묵상을 통해 깨달은 기도 제목은 무엇인가요?

하나님께서 부어주시는 마음을 이곳에 담아보세요.

> 내게 맡겨주신 일들을 감당할 수 있을지 의심이 들 때가
> 하나님이 나를 통해 일하심을 신뢰해야 할 때입니다

하나님,
하나님이 이끌어오셨기에
앞으로도 이끌어가실 것을 믿지만
문득 걱정되고 의심할 때가 있습니다.

'내게 주어진 이 환경을
잘 감당할 수 있을까?'
혹은 '내겐 너무 과분한 듯한데,
감당하기엔 벅찬 것 같은데…'
이런 고민으로 한 날을
허비하기도 합니다.

내 사랑아,
여러 상황 속에서
네가 느끼는 감정은 당연한 거란다.

그런데 네게 허락한 상황은
너를 괴롭히기 위함이 아니야.
너를 더 자라게 하고,
나와 가까워지게 하는 통로지.

네 마음이 번민으로 가득 차오를 때면
지금처럼 내게로 나아와 말해주렴.

1. 당신이 감당하기에 과분하다고 느껴지는 일은 무엇인가요?

2. 어제 잠들기 전 고민한 문제가 있다면 오늘 해결되었나요?

3. 오늘 묵상을 통해 깨달은 기도 제목은 무엇인가요?

하나님께서 부어주시는 마음을 이곳에 담아보세요.

나 자신이 없는 사랑으로 타인에게 맞춰가려 할 때가
하나님의 사랑을 더 깊이 묵상해야 할 때입니다

하나님,
주님이 제게 부어주신 은혜가 너무 커서
다 감당할 수 없습니다!

저만 누리기에는
이 기쁨과 감사가 너무 귀하기에
만나는 이들과 함께 나누고 싶어서
열심으로 그들을 섬기고 이해하며 배려하지만
문득 지칠 때가 있습니다.

제 배려를 당연하게 받아들이고,
제가 할 수 있는 몫 이상을 바라며,
제 사랑과 노력을 가볍게 치부하는
사람들의 행동으로
마음에 상처를 입기도 합니다.

나는 네가 누군가에게
무조건 맞추기보다는
사랑하기 원해.

너 혼자서
사랑하고, 이해하고,
배려할 필요는 없어.

내게는 너도,
다른 사람도 똑같이 귀하기에
네가 무조건 희생하고 헌신하기만을
바라지 않는단다.

1. 당신이 하고 싶지 않은데 억지로 하는 일은 무엇인가요?

2. 당신이 생각하는 '사랑'은 무엇인가요?

3. 오늘 묵상을 통해 깨달은 기도 제목은 무엇인가요?

하나님께서 부어주시는 마음을 이곳에 담아보세요.

> 눈에 보이는 축복만을 바라고 있을 때가
> 하나님과 영원히 함께 거할
> 하늘나라를 바라보아야 할 때입니다

하나님,
유심히 제 기도 내용을 살펴보니
주님의 영광을 기뻐하고
신실하심을 노래하기보다

제가 원하는 것을
이루어달라는 소원 기도 비중이
더 많음을 깨닫습니다.

진정한 축복이란 무엇일까요?

내 사랑아,
네가 내 안에서 진정 누릴 수 있는
가장 큰 축복은 십자가 사랑을 의지하여
나와 함께 걷는 거란다.

내 자녀들이 신앙생활과 삶 속에서
열심히 살아가는 이유와 목적이
더는 이 땅의 복을 받기 위함이 아니었으면 좋겠구나.

그러니 네 중심 가운데
언제나 내가 '있는지', '없는지'를
돌아보길 바란다.

1. 당신의 소원 다섯 가지는 무엇인가요?

2. 하나님이 당신을 통해 이루어가고 싶은 소원은 무엇일까요?

3. 오늘 묵상을 통해 깨달은 기도 제목은 무엇인가요?

하나님께서 부어주시는 마음을 이곳에 담아보세요.

> 마음이 무너져 내려 모든 것을 포기하고 싶을 때가
> 하나님의 음성에 귀 기울일 때입니다

하나님,
교회에 가기 싫어졌습니다.

주님은 제 모든 걸 아시니
제가 왜 가기 싫은지,
무엇에 실망했는지 다 아시죠?

주님의 몸 된 교회를 사랑해야 하는데,
이런 마음을 품고 있는
저를 불쌍히 여겨주세요.

주님의 따뜻한 손길로
실망한 이 마음을 만져주시고
회복을 명하여 주세요.

내 사랑아,
네 마음과 생각을 이미 다 안다.

네가 울분을 삭이며
아파하고 탄식할 때,
모두 듣고 있었단다.

교회에 실망했어도,
이미 교회를 떠났어도
나와의 관계를 절대 놓지 마라.

내가 매일 네게 사랑을 고백할게.
네 상처 받은 마음을 회복시켜 줄게.

1. 당신에게 교회는 어떤 곳인가요?

2. 크리스천답게 산다는 건 어떤 것일까요?

3. 오늘 묵상을 통해 깨달은 기도 제목은 무엇인가요?

하나님께서 부어주시는 마음을 이곳에 담아보세요.

하나님,
제 삶이 너무 가물어
하나님을 잊어버릴 때가
많은 것 같아요.

일에 치이고, 사람에 치이고,
물질과 감정에 치이는 날들이 이어지면서

누군가를 이해하고 배려하기보다는
멀리하고, 시기하고,
질투하는 제 모습을 발견합니다.

내 사랑아,
치열한 경쟁 속에서
하루를 보내느라 고생했구나.

악의 습성은
네 연약함을 틈타 움직이지만
네 중심에 나를 믿는 믿음이
잘 자리 잡고 있으면 대적할 수 있단다.

네 안에 사랑이 메마르면
성경을 펼쳐 내가 들려주는 이야기에 집중하렴.

성경은 내 사랑으로 쓰여진
너를 향한 내 편지이자 선물이란다.

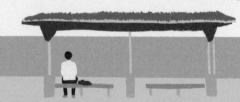

1. 지금 잠깐 성경을 읽으며 마음에 와닿는 구절을 적어보세요.

2. '평안'이란 단어가 들어간 성경 몇 구절을 찾아 적어볼까요?

3. 오늘 묵상을 통해 깨달은 기도 제목은 무엇인가요?

하나님께서 부어주시는 마음을 이곳에 담아보세요.

하나님 외에 다른 것이 우선순위가 될 때가
교만함이 시작될 때입니다

하나님,
당신이 보시기에 제 모습이
얼마나 교만하고 거만한지요.

이만큼 성장시켜주시고
이끄신 것이 전적으로 하나님 은혜인데
까맣게 잊어버리고,
마치 내가 잘나서
내 힘으로 이룬 것처럼
생각하고 행동합니다.

내 사랑아,
현재 네 모습을 자각하는
은혜가 있어서 기쁘구나.

네가 내 도구임을 잊으면,
네 힘과 자아가 더 드러나면
그때부터 교만이 시작된단다.

내가 너를 어느 자리에 세우고
역할을 맡길 때
너는 내 도구에 지나지 않음을
늘 기억하렴.

1. 최근에 어떤 사람을 판단한 적 있나요? 어떤 이유 때문이었나요?

2. 하나님이 나의 어떤 행동을 안타깝게 보실 것 같나요?

3. 오늘 묵상을 통해 깨달은 기도 제목은 무엇인가요?

하나님께서 부어주시는 마음을 이곳에 담아보세요.

> 사랑하는 가족의 아픔을 함께 느끼며 눈물 흘릴 때가
> 하나님의 사랑에 더 깊게 잠기게 되는 때입니다

하나님,
제가 사랑하는 가족 중에 한 사람이
아픔 가운데 신음하고 있습니다.

하루가 다르게 고통스러움이 더해가고
아픔이 끝나지 않을 것 같은 두려움에
목이 바싹 말라갑니다.

'하나님,
왜 우리 가정에 이 일이 일어났을까요?
평탄한 삶만을 누리며 살 수 없을까요?
이 상황 또한 주님께서 다 보고 계시죠?
우리를 위해 계획하신 일이 있지요?'

내 사랑아,
육체의 고통을 견딘다는 게
얼마나 힘들고 고통스러운지
너무나도 잘 알고 있다.

나는 회복시키고 살리는 하나님이야.
너를 지키고 사랑으로 보호하는 여호와란다.

네 사랑하는 가족도
동일한 사랑으로 내가 돌보고 있어.
내 계획 안에 선한 길로 인도하고 있단다.

그리고
내가 너와 사랑하는 이를 위해
준비한 계획을 믿어주겠니?

1. 당신의 가정에 어떤 어려움이 있나요?

----

2. 당신이 힘들거나 아플 때 하나님을 통해 회복된 경험을 떠올려보
   세요.

----

3. 오늘 묵상을 통해 깨달은 기도 제목은 무엇인가요?

하나님께서 부어주시는 마음을 이곳에 담아보세요.

> 마음이 쾌락과 음란을 좇아갈 때가
> 하나님의 거룩하심 앞에 나아가야 할 때입니다

하나님,
제 안에 가득 찬
음란한 생각을 지울 수가 없습니다.

순간의 쾌락과 즐거움을 참지 못해
계속 넘어집니다.

부끄러운 제 모습을
누구에게도 말할 수 없어 더 괴롭습니다.

하나님,
이렇게 형편없고 볼품없는
제 모습도 사랑해주시나요?

내 사랑아,
음란의 문제 앞에 네가 몸부림치며
괴로워하는 걸 알고 있단다.

먼저 어떤 경우에도
나는 너를 사랑한다고 말해주고 싶구나.

음란의 문제는
끊임없이 너를 괴롭힐 거야.
그게 너 자신을 무너뜨리는
약점이기 때문이란다.

거룩이 천천히
깊은 죄악을 덮을 수 있게
지금처럼 내게 도움을 청하렴.

1. 누구에게도 말하지 못한 당신의 부끄러운 모습은 무엇인가요?

----

2. 죄짓고 싶은 유혹의 순간에 당신은 주님의 도움을 청하며 그분 앞에 나아가나요?

----

3. 오늘 묵상을 통해 깨달은 기도 제목은 무엇인가요?

하나님께서 부어주시는 마음을 이곳에 담아보세요.

> 삶에 의욕을 잃어갈 때가
> 하나님이 나를 만드신 창조목적을
> 돌아봐야 할 때입니다

하나님,
삶의 목적과 방향을
잃어버린 것 같아요.

모든 일에 무기력하고,
잠만 자고 싶고,
아침에 일어나기가 두렵습니다.

사람을 만나는 것도 피하고,
할 일을 자꾸 미루기만 합니다.

하나님, 제가 왜 이럴까요?

내 사랑아,
비전을 잃어버렸니?
혹 삶의 목적을 잃어버렸니?

내가 너를 창조한 목적은
창조주인 나를 알아가고, 찬양하고,
나로 인해 기쁘게 살아가게 하기 위해서란다.

이것이 너를 창조한 내 목적과 이유란다.
네게는 살아가야 할 충분한 이유가 있다.

1. 요즘 하나님께 서운한 일이 있나요?

2. 당신을 불안하게 하는 것들을 주님께 솔직하게 고백해보세요.

3. 오늘 묵상을 통해 깨달은 기도 제목은 무엇인가요?

하나님께서 부어주시는 마음을 이곳에 담아보세요.

66

불가능해 보이는 현실 앞에 마음이 낙심될 때가

하나님의 역사하심을 바라볼 수 있는 때입니다.

99

하나님,
제 앞에 놓인 이 막막한 문제들이
주님께서 허락하신 일인가요?

하나님께서 저를 놓아버리신 건 아닌지,
저를 버리신 건 아닌지
이 커다란 문제 앞에 마음이 무너집니다.

하나님을 더 깊이 사랑하고
더 깊이 알아갈수록
문제 상황 가운데
주님을 더 의지하려 하지만
감당하기에 너무 벅찹니다.

내 사랑아,
여러 문제 앞에
버틸 수 없고 감당할 수 없을 때
나를 찾아와주어 고맙구나.

다만 나는 네가 내 일을 의심하지 않기를 바라.

눈에 보이지 않는다고
존재하지 않는 게 아니듯
너를 위해 일하고 있는 나 또한 그렇단다.

흔들리는 네 마음속에
내 진리의 말들을 새겨 넣으렴.

1. 현재 당신의 마음을 무너지게 하는 문제가 있나요?

2. 당신의 믿음을 흔드는 상황과 반대되는 성경 말씀을 적어보세요.

3. 오늘 묵상을 통해 깨달은 기도 제목은 무엇인가요?

하나님께서 부어주시는 마음을 이곳에 담아보세요.

> 공동체 속에서 소외되는 두려움에 마음이 무거울 때가
> 하나님의 임재를 간절히 소망해야 할 때입니다

하나님,
사람은 왜 어딘가에 소속되고 싶어 할까요?
왜 그렇게 살아가야 할까요?

공동체라는 무리 속에서
그 정체성에 따라 저를 감추고
무조건 따라야 하는 상황이 생깁니다.

편한 공동체든, 불편한 공동체든
항상 그 밑바탕에는
무리에서 밀려나고 싶지 않은
두려움이 있는 것 같아요.

내 사랑아,
사람이 혼자서는 외롭고 고독하기에
또 다른 사람을 창조해
무리를 이루며 살아가게 했단다.

내가 바라는 공동체는
외로움을 채우기 위한 목적이 아니란다.

서로 사랑하라.

공동체 가운데 내 사랑을 알고
서로 사랑하며, 헌신하고,
배워가는 관계를
이루게 하기 위해서야.

1. 당신에게 공동체는 어떤 곳인가요?

----

2. 당신의 신앙생활을 깊이 있게 나눌 수 있는 동역자가 있나요?

----

3. 오늘 묵상을 통해 깨달은 기도 제목은 무엇인가요?

하나님께서 부어주시는 마음을 이곳에 담아보세요.

> 영적 리더에게 실망했을 때가
> 그를 위해서, 나 자신을 위해서 기도해야 할 때입니다

하나님,
오늘 안타까운 이웃 교회의
이야기를 접했습니다.

교회 곳곳의 부패함과
연약함과 무너짐을 바라보며
큰 공동체, 작은 공동체를 떠나
가정, 교회, 사회 모든 영역에서
리더와 목자의 자리가
참 중요함을 깨닫습니다.

더는 상처 받는 사람이 없길
애통하는 마음으로 기도합니다.

내 사랑아,
세상이 악해져 간다.

목회자들을 바라보며
그들의 연약함에
네가 휩쓸리지 않길 바란다.

그릇된 부분은 내가 심판하고 회복시킬 테니
너는 사람을 바라보기보다
내게 시선과 마음을 두고 따라오렴.

1. 하나님이 원하시는 영적 리더는 어떤 모습일까요?

2. 하나님의 종들을 위해 진심으로 기도해보세요.

3. 오늘 묵상을 통해 깨달은 기도 제목은 무엇인가요?

하나님께서 부어주시는 마음을 이곳에 담아보세요.

> 하나님이 허락하신 삶 속의 축복을 온전히 누리지 못할 때가
> 내 삶의 감사를 점검해야 할 때입니다

하나님,
제 삶에 손으로 다 셀 수 없는
복들이 넘쳐나는데
왜 감사보다 불안감이 더 클까요?

하나님께서 주신 이 복들이
안개처럼 사라져버릴까 두려워요.

내 은혜는
네게서 무엇을 취하기 위해
주는 것이 아니란다.
그저 너란 존재를 위해 거저 주는 거야.
선물 같은 거란다.

불안해하지 마라.
그건 내가 네게 허락한 마음이 아니야.

기뻐하고 즐거워하렴.
내 안에서 소망을 품고, 감사함으로 누리렴.
네게 부어주는 풍성한 은혜를 버거워 말고
나와 함께 은혜의 숲을 거닐자꾸나.

1. 하나님이 당신에게 허락하신 삶의 축복을 세어볼까요?

2. 당신이 가장 최근에 받았던 따듯한 메시지는 무엇인가요?

3. 오늘 묵상을 통해 깨달은 기도 제목은 무엇인가요?

하나님께서 부어주시는 마음을 이곳에 담아보세요.

하나님,
제가 복음을 듣고 영접하여
위대하고 은혜로우신 주님을 믿기까지
그 모든 과정이 참 귀하고 행복했습니다.

죄인일 수밖에 없는 저를
구원해주신 건
전적으로 주님의 은혜입니다.

누군가 제게 복음을
전해주었던 것처럼
저도 다른 이에게
복음을 흘려보내고,
전하고 싶습니다.

내 사랑아,
네가 복음의 씨앗을 뿌리면
내가 때에 따라 열매를 맺게 할 거야.

씨앗을 뿌리는 게 중요해.
네 작은 달란트를 사용해서 나를 전해보렴.

내가 함께하고
그 위에 성령의 기름을 부어주겠다.

1. 하나님의 복음을 꼭 들어야 할 사람의 이름을 적어보세요.

2. 복음의 씨앗을 심는 데 사용될 만한 당신의 달란트는요?

3. 오늘 묵상을 통해 깨달은 기도 제목은 무엇인가요?

하나님께서 부어주시는 마음을 이곳에 담아보세요.

> 실패의 상황으로부터 도망치고 싶어질 때가
> 하나님의 따뜻한 품 안에 머물러야 할 때입니다

하나님,
확신했던 상황이
제 뜻처럼 흘러가지 않고
제 무력함과 무가치함이 드러나는
이 상황이 괴롭습니다.

잘 버티고
감당할 수 있을 거라고 생각했는데
자꾸만 실패하고 넘어져
하나님을 실망시키는 것 같아
죄책감이 커져요.

내 사랑아,
네게 실패와 성공의 기준이 무엇이니?

실패와 성공에 집중하기보다는
네가 지금 걷고 있는 과정에 집중하기 바란다.

그 결과가 실패일 수도,
성공일 수도 있겠지.
하지만 과정 속에 배움이 있다면
결과는 크게 중요하지 않아.

네 존재와 가능성은 언제나 유일하지.

1. 당신이 성공하리라 확신했으나 실패한 일이 있다면요?

------

2. 그 과정에서 깨달은 점을 적어보세요.

------

3. 오늘 묵상을 통해 깨달은 기도 제목은 무엇인가요?

하나님께서 부어주시는 마음을 이곳에 담아보세요.

> 죄와 타협하려고 할 때가
> 하나님의 말씀 위에 굳게 서야 할 때입니다

하나님,
요즘 죄와 자꾸만 타협하는
제 모습을 발견합니다.

오늘도
'이 정도는, 이것까지는 괜찮겠지',
'오늘만 하고 다음부터는 절대 안 해야지'라는
안일한 생각으로 하나님이 기뻐하시지 않는 곳에
마음과 생각을 두었습니다.

조금 더 편안하려고
제 영이 병드는 일을 택했습니다.

내 사랑아,
너를 포함한 내 모든 자녀들은
죄의 습성에 쉽게 노출된단다.

그 속에서 때로는 타협하고
때로는 몸부림치게 되지.

죄와 타협하고 싶은 마음이 들면
스스로 '이 정도는 괜찮겠지'라는
판단에서 돌이켜 내게 와서 물으렴.

내 말씀 위에 굳게 서면
어떤 불의도 너를 지배하지 못한단다.

1. '이 정도면 괜찮겠지'라며 당신이 자꾸 타협하는 일은 무엇인가요?

2. 영혼의 근육을 단련하는 방법을 적어보세요.

3. 오늘 묵상을 통해 깨달은 기도 제목은 무엇인가요?

하나님께서 부어주시는 마음을 이곳에 담아보세요.

내가 한 마디도 뗄 수 없는 애통 가운데 있을 때가
나를 위해 기도하시는 성령님을 의지할 때입니다

하나님,
제 곁에 사랑하는 이가
감당할 수 없는 문제로 눈물 흘리며
애통하는 모습을 바라보는 게
너무 마음 아파요.

주님을 믿고 따르지만
엉망으로 망가진 인간관계 속에서
자신을 잃어버리고
끌려다니는 모습을 직면하며 괴로워합니다.

제가 그를 무엇으로 위로할 수 있을까요?

내 사랑아,
사랑하는 이를 위해
전심을 다해 기도하는 네 모습이
내 마음을 울리는구나.

네 기도는
사랑하는 사람에게
큰 힘이 된단다.
중보기도에는 힘이 있어.

지금은 벼랑 끝에 내몰린 것 같을지라도
그 순간에도 너희의 회복과 안전을 위해
내 영이 쉬지 않고 기도하고 있음을 잊지 마라.

1. 사랑하는 가족과 친구의 기도 제목을 알고 있나요?

2. 지금 그들을 위한 짧은 기도문을 써보세요.

3. 오늘 묵상을 통해 깨달은 기도 제목은 무엇인가요?

하나님께서 부어주시는 마음을 이곳에 담아보세요.

내 것이 아닌 것에 집중하게 될 때가
하나님이 거저 주신 은혜의 선물을 돌아봐야 할 때입니다

"

하나님,
간밤에 탈 없이 잘 자고
선물로 주어진 하루에 눈을 뜹니다.

그러나
하나님이 허락하신 시간을 보내며
감사하기보다 손해 보는 데 집중하는
제 모습을 봅니다.

삶의 모든 영역에서
내가 더 손해 보지 않기 위해
계산하는 제 모습을 마주합니다.

내 사랑아,
손해 보는 듯한 감정이
어느 기준에서 생겨나는 건지
내게 말해줄 수 있니?

내가 네게 주는 은혜는
아무 값도, 이유도 따지지 않은 거란다.

나는 네게 주는 걸 즐기고,
네가 그것을 누릴 때
기쁨을 느끼기 때문이야.

삶 속에서 손해 본다고 느낄 때면
너를 향한 십자가의 사랑을 꼭 기억하렴.

1. 일상에서 당신이 손해 보는 듯한 감정이 일어날 때는 언제인가요?

------

2. 그 감정은 어느 기준에서 생겨난 건가요?

------

3. 오늘 묵상을 통해 깨달은 기도 제목은 무엇인가요?

하나님께서 부어주시는 마음을 이곳에 담아보세요.

불가능해 보이는 현실 앞에 마음이 낙심될 때가
하나님의 역사하심을 바라볼 수 있는 때입니다

하나님,
제가 오늘처럼
폭풍과 같은 문제에 봉착했을 때
먼저 두려운 마음이 듭니다.

문제보다 크신
하나님을 바라보는 게 아니라,
하나님 발아래에 있는
문제에 집중합니다.

내 사랑아,
세상의 언어에는
'불가능'이란 단어가 있지만
이 세상을 창조한 내게는
'불가능'이란 없단다.

어떤 문제든
내게는 문제가 아니란다.

결과는 내게 맡기고
나를 의지해라.

나의 때와 나의 방법은
네게 최고의 방법이란다.

1. 당신을 낙심하게 만드는 현실은 무엇인가요?

2. 이전에 당신을 변화시킨 놀라운 일들을 떠올려볼까요?

3. 오늘 묵상을 통해 깨달은 기도 제목은 무엇인가요?

하나님께서 부어주시는 마음을 이곳에 담아보세요.

66

하나님이 침묵하신다고 느껴질 때가

나를 위해 일하고 계시는 하나님을 전적으로 신뢰해야 할 때입니다.

99

사역에 지쳐 주일이 부담으로 느껴질 때가
하나님 안에서 참된 쉼을 누려야 할 때입니다

하나님,
처음에는 여러 사역이 주어짐에
참 감사하고 기뻤습니다.
그런데 어느 순간부터 그 기쁨이 사라졌습니다.

바쁜 사역이 지속되면서
저도 모르게 점점 지쳐갑니다.

언제부턴가 주일은
해야 할 일을 철저히 준비하고 점검하느라
시간이 어떻게 가는지 모를 정도로
바쁘게 지나가버리는 날이 되었습니다.

내 사랑아,
안식일의 주인은 나란다.

나는 말씀과 교제로
네게 참 쉼을 주고 싶고,
네가 자원하는 마음으로
기쁨에서 우러나오는 사역을 하길 원해.

물론 매 순간 기쁨이 가득할 수는 없겠지.
그러나 네 마음을 꼭 점검하렴.

네게 참 쉼을 부어주고
잃어버린 기쁨을 회복시키겠다.

1. 주일이 다가올 때 당신의 마음은 어떤가요?

----

2. 당신이 기쁨으로 감당했던 교회 사역이 있다면요?

----

3. 오늘 묵상을 통해 깨달은 기도 제목은 무엇인가요?

하나님께서 부어주시는 마음을 이곳에 담아보세요.

끊임없이 마음이 우울할 때가
나의 온 마음을 하나님께 쏟아놓아야 할 때입니다

"

하나님,
오늘 하루도 우울한 감정에 눌려
무기력하게 보냈어요.

걱정거리와 두려운 일이 많고,
생각하다 보면 멈춰지지가 않아서
더 깊이 우울감에 휩싸여요.

제게는
주변 사람들과 말을 섞거나
출퇴근하는 것도 버겁고 힘든 일상입니다.

이 감정에서 벗어나고 싶어요.

내 사랑아,
지금 네 모습은
어린아이가 어두운 밤길을
두려움에 떨며 걷는 것과 같구나.

네 마음을 지배하고 있는 걱정과 근심은
시간이 지나면 사라지는 감정이야.

그 감정이 지금 당장은 네 마음을 쥐어짜며
네 인생의 가장 괴로운 순간으로 위장하여
너를 괴롭히지만 나 외에 영원한 건 없단다.

아무것도 할 수 없고,
입술조차 뗄 수 없을 때는
그저 내 이름만 부르렴.

1. 당신은 언제 우울하고 무기력한가요?

----

2. 살아 있다는 사실 자체로 가슴이 뛴 적 있나요?

----

3. 오늘 묵상을 통해 깨달은 기도 제목은 무엇인가요?

하나님께서 부어주시는 마음을 이곳에 담아보세요.

> 반복되는 죄악에 마음이 괴로울 때가
> 나의 모든 허물을 덮어주시는 하나님께
> 도움을 청해야 할 때입니다

하나님,
날마다 눈뜨고
잠드는 순간까지
매일 죄를 짓는 연약한 삶이
인생임을 깨닫습니다.

그저 부끄럽고
죄악에 얼룩진 모습이지만
언제나 그 넓은 품에
저를 안고 다독여주시니 감사합니다.

이제는 반복되는 죄악과
죄책감으로부터
벗어나고 싶습니다.

내 소중한 사랑아,
죄로부터 네 걸음을
돌이키는 것도 중요하지만
나는 '용서하는 여호와'임을 잊지 마라.

나는 네 죄악을 탓하고 원망하기보다
죄에서 떠나고자 내게 눈물로 기도하는
네 모습을 더 중히 여기고,
또 용서하기 위해 기다리고 있단다.

당장에는 버겁고 힘들게 느껴지고
또 같은 죄 앞에 넘어질 수 있지만
서두르지 말고 천천히 걸어가자꾸나.

1. 당신이 반복하는 잘못된 습관이나 죄는 무엇인가요?

----

2. 이를 해결하기 위한 작은 실천을 계획해보세요.

----

3. 오늘 묵상을 통해 깨달은 기도 제목은 무엇인가요?

하나님께서 부어주시는 마음을 이곳에 담아보세요.

하나님,
거울을 볼 때,
거리를 걸을 때,
사람들을 만날 때마다
제 안을 가득 채우는 비교 의식에서
벗어나기가 참 버겁습니다.

다른 이들과 비교하여
나를 깎아내리기도 하고
스스로를 우위에 세우기도 하면서
거친 감정의 파도 속에 휩쓸립니다.

내 사랑아,
모든 이의 외모가 다 다르듯이
그들의 내면도 아주 다양하고 특별하단다.

외면보다 내면의 아름다움을 가꾸는 일에
더 집중하고, 마음과 정성을 쏟기 바라.

비교하는 시간과 감정은
너를 어두운 웅덩이 속에
더 깊이 밀어넣는 일이야.

그런 생각이 가득 차면
'나는 하나님의 존귀한 자녀다.
전능하신 하나님의 손으로 창조되었고,
누구와도 비교할 수 없는 소중한 존재다'라는 말을
마음속으로 되뇌길 바란다.

PRAY TO THE LORD

1. 당신이 남들보다 특별히 낫거나 못하다고 여기는 모습은요?

....

....

....

....

2. 내면을 아름답게 가꾸기 위해서는 무엇을 해야 할까요?

....

....

....

....

3. 오늘 묵상을 통해 깨달은 기도 제목은 무엇인가요?

....

....

....

....

하나님께서 부어주시는 마음을 이곳에 담아보세요.

누군가를 미워하려는 마음이 싹틀 때가
내게 베풀어주신 십자가 은혜를 생각해볼 때입니다

하나님,
"서로 사랑하라",
"네 몸과 같이 이웃을 사랑하라"라는
주님의 말씀을 따라 살기가
참 힘이 듭니다.

때로는 진심으로 대한 상대방에게 오해를 사거나,
아무 이유 없이 뒤에서 저를 시기하는 사람들도 있습니다.

하나님이 제 모든 허물을 덮어주셨듯이
그들의 허물을 덮고 사랑하려 해도
자꾸만 미움의 싹이 틉니다.

내 사랑아,
사랑하는 것은 일이 아니라
삶의 모든 순간이란다.

그러나 너를 미워하고
마음에 반복적인 상처를 남기는 사람을
사랑하기는 쉽지 않지.

원수를 사랑할 힘은 바로 여기서 나온다.
나를 통하지 않고서는
온전한 사랑을 이뤄갈 수 없어.

내가 네 눈물을 닦아줄 테니
너도 누군가의 눈물을 닦아주렴.

It's okay...

1. 지금 당신이 사랑하기 어려운 사람은 누구인가요?

-----

2. 상대방이 어떻게 행동할 때 당신의 마음이 열리나요? 최근에 누군
가의 마음을 헤아려준 일이 있나요?

-----

3. 오늘 묵상을 통해 깨달은 기도 제목은 무엇인가요?

하나님께서 부어주시는 마음을 이곳에 담아보세요.

> 하나님의 길이 아닌 쉬운 선택을 하게 될까
> 두려울 때가 함께하시는 하나님을 믿고
> 좁은 길을 순종하며 걸어가야 할 때입니다

하나님,
오늘과 같이 제 삶이
통째로 흔들리는 기분에
압도당할 때가 있습니다.

온통 흔들리는 삶 속에서
두렵고 불안할 때가 있어요.

그러나 흔들리는 삶 자체보다
더 염려하는 건
제가 쉬운 선택을 하는 거예요.

내 사랑아,
세상은 네게 쉬운 길을 선택하라고
가르치고 유혹하지만
내가 너와 함께 가고 싶은 길은
쉬운 길이 아닌 옳은 길이란다.

때로는 나와 걷는 이 길이
세상 사람들이 말하는 길보다
돌아가는 것처럼 느껴질 수 있어.
결코 순탄한 길도 아니지.

그렇지만
나와 함께라면 힘들지 않을 거야.

1. 당신은 언제 삶이 흔들렸나요?

----

2. 당신이 생각하는 쉬운 길과 옳은 길은 무엇인가요?

----

3. 오늘 묵상을 통해 깨달은 기도 제목은 무엇인가요?

하나님께서 부어주시는 마음을 이곳에 담아보세요.

> 말은 내 마음의 상태를 보여줍니다
> 입술을 통해 판단과 비방이 쏟아져 나올 때가
> 입술을 가장 지켜야 할 때입니다

하나님,
하나님께서는
남을 험담하는 것,
누군가를 시기하는 생각,
미워하는 마음 모두를
기뻐하지 않으신다고 말씀하셨습니다.

저도 잘 알고 있습니다.

오늘 하루, 돌아보니
제 입술을 지키지 못한 것 같습니다.

내 사랑아,
말은 네 마음의 상태를 보여준다.
그래서 네 입술로 나오는 말들은
영적 거울과도 같아.

네 입술을 지키지 못한 건
네 마음과 영혼을
지키지 못한 것과 다르지 않단다.

네게 말할 수 있는 능력을 준 건
남을 헐뜯고 비방하라는 의도가
결코 아니다.

너희가 내 안에서
서로 사랑을
표현할 수 있게 하기 위함이지.

1. 당신이 입술을 가장 지키기 어려울 때는 언제인가요?

-----

2. 오늘 하루 당신이 한 말들 중 기억나는 것을 적어보세요.

-----

3. 오늘 묵상을 통해 깨달은 기도 제목은 무엇인가요?

하나님께서 부어주시는 마음을 이곳에 담아보세요.

신앙과 삶이 일치하지 않을 때가 바로
일상 속에 하나님을 초청할 때입니다

하나님,
제 삶에 이중적인 태도가
어디서부터 시작된 걸까요?

주일 예배를 마치고 교회 문을 나서면
주님의 은혜와 사랑을 금방 잊는 것 같아요.

분명 교회에서 말씀을 듣고,
'말씀을 적용하며 살아야지' 하면서도
교회를 나서면 또 죄를 짓습니다.

입술로 말하는 신앙의 고백과
삶의 태도가 일치하지 않아
마음이 괴롭습니다.

내 사랑아,
네가 모든 일상 속에서
나와 동행했으면 좋겠구나.

입술과 행실이 일치하지 않는 삶은,
내 말을 네 중심에 깊게 심지 못했기 때문이야.
믿음의 고백대로 삶을 살려면
온 마음을 다해 내 말을 믿고 따라야 한단다.

그리고 네 안에서 말하는
성령의 소리에 귀 기울여야 하지.

믿음이란 너 자신을 내려놓고
나를 인정하는 일에서부터 시작된다.

1. 당신이 삶에서 이중적인 태도를 보일 때는 언제인가요?

2. 지금 당신의 삶의 태도는 어떤가요?

3. 오늘 묵상을 통해 깨달은 기도 제목은 무엇인가요?

하나님께서 부어주시는 마음을 이곳에 담아보세요.

> 하나님이 침묵하신다고 느껴질 때가
> 나를 위해 일하고 계시는 하나님을
> 전적으로 신뢰해야 할 때입니다

하나님,
요즘 아무리 기도해도
하나님이 응답하지 않으신다고 느껴져요.

제 기도가 잘못된 걸까요?
아니면 제가 하나님께
큰 잘못을 저지르고 있나요?

기도를 들으시고
응답하지 않으시는 이유가 있나요?

내 사랑아,
네게 늘 말했듯이
나는 언제나 네 기도에
귀 기울이고 있단다.

네게 응답하지 않는 게 아니야.
다만 때에 맞는 응답과 계획을
보여주기 위해 서두르지 않을 뿐이란다.

내가 네게 응답하지 않는 것
또한 응답이란다.

때에 따라 나무에서 열매가 열리듯
때에 맞는 응답을 네게 들려주기 위해
지금도 너를 위해 일하고 있단다.

1. 당신의 어떤 기도에 하나님이 응답하시지 않는다고 느끼나요?

2. 지금 당신이 가장 원하는 바는 무엇인가요?

3. 오늘 묵상을 통해 깨달은 기도 제목은 무엇인가요?

하나님께서 부어주시는 마음을 이곳에 담아보세요.

하나님,
제가 리더로서
부족한 모습이 많기에
주님의 지혜를 구합니다.

한 영혼이 천하보다
귀하다고 말씀하셨던 주님.

제게 맡겨주신 양들을
혹시 잘못 인도하고 있는 건 아닌지
두렵고 떨리는 마음으로
주님 앞에 섭니다.

내 사랑아,
어떠한 자격을 통해
너를 부른 게 아니라,
사랑하라고 그 자리에 세웠단다.

내가 너를 그 자리로 불렀으니
감당할 수 있는 힘과 지혜를 공급할 거야.

예수와 같은 마음으로 사랑하며
함께 울고 웃는 리더가 되길 바란다.

복음 주변의 것만을 전하지 말고,
복음 그 자체를 전하는 목자가 되렴.

1. 복음을 전하기 위해 특별히 당신에게 어떤 힘과 지혜가 필요한가요?

2. 한 영혼을 위해 눈물 흘리며 기도한 적 있나요?

3. 오늘 묵상을 통해 깨달은 기도 제목은 무엇인가요?

하나님께서 부어주시는 마음을 이곳에 담아보세요.

하나님의 때 묵상 노트

초판 1쇄 발행	2019년 6월 20일
초판 9쇄 발행	2025년 2월 28일

지은이	햇살콩(김나단, 김연선)

펴낸이	여진구		
책임편집	김아진		
편집	이영주 박소영 최현수 구주은 안수경 김도연 정아혜		
책임디자인	조은혜 ︱ 마영애 노지현 정은혜		
홍보 · 외서	진효지		
마케팅	김상순 강성민	마케팅지원	최영배 정나영
제작	조영석 허병용	경영지원	김혜경 김경희

303비전성경암송학교 유니게 과정
이슬비전도학교 / 303비전성경암송학교 / 303비전꿈나무장학회

펴낸곳	규장

주소 06770 서울시 서초구 매헌로 16길 20(양재2동) 규장선교센터
전화 02)578-0003 팩스 02)578-7332
이메일 kyujang0691@gmail.com   홈페이지 www.kyujang.com
페이스북 facebook.com/kyujangbook   인스타그램 instagram.com/kyujang_com
카카오스토리 story.kakao.com/kyujangbook
등록일 1978.8.14. 제1-22

ⓒ 저작권자와의 협약 아래 인지는 생략되었습니다.
이 출판물은 저작권법에 의해 보호를 받는 저작물이므로 무단 전재와 무단 복제를 할 수 없습니다.

책값 뒤표지에 있습니다.
ISBN 978-89-6097-469-2 03230

규 ︱ 장 ︱ 수 ︱ 칙

1. 기도로 기획하고 기도로 제작한다.
2. 오직 그리스도의 성품을 사모하는 독자가 원하고 필요로 하는 책만을 출판한다.
3. 한 활자 한 문장에 온 정성을 쏟는다.
4. 성실과 정확을 생명으로 삼고 일한다.
5. 긍정적이며 적극적인 신앙과 신행일치에의 안내자의 사명을 다한다.
6. 충고와 조언을 항상 감사로 경청한다.
7. 지상목표는 문서선교에 있다.